ÉLOGE
DE
PIERRE CORNEILLE,
SA VIE ET SES OUVRAGES,

MONOLOGUE HISTORIQUE EN UN ACTE,

EN VERS,

Dédié à la ville de Rouen;

Suivi d'une APOTHÉOSE et d'une MARCHE TRIOMPHALE.

PAR

Louis CREVEL DE CHARLEMAGNE

(DE ROUEN).

Représenté pour la première fois sur le théâtre des Arts de Rouen,
le 6 juin 1851.

Prix : 1 fr. 50 net.

A PARIS

CHEZ L'AUTEUR, RUE DE CASTIGLIONE, 10 ;

BLANCHET,　　　　TRESSE,　　　　E. CHALLIOT,
rue Croix-des-Petits-Champs, 9.　Palais-National.　354, rue Saint-Honoré.

A ROUEN

Chez AUGUSTE LE BRUMENT, QUAI NAPOLÉON, 46 ;
BERDALLE DE LA POMMERAYE, RUE DE LA VICOMTÉ, 15 ;
Et chez tous les Libraires de France.

1851

ÉLOGE
DE
PIERRE CORNEILLE,

SA VIE ET SES OUVRAGES

Cet éloge de Corneille, représenté le 6 juin 1851, avec une mise en scène splendide et le brillant concours des premiers artistes de l'Odéon, sur le théâtre des Arts de Rouen, y a obtenu un succès remarquable. Déclamé, peu de jours après, dans plusieurs salons distingués de la capitale et de la province, en présence d'un grand nombre d'illustrations, l'accueil favorable dont il a été l'objet a encouragé l'Auteur à n'en pas différer plus longtemps l'impression.

Il croirait, toutefois, manquer à la reconnaissance du cœur s'il ne s'empressait, en rappelant ces brillantes réunions, de citer entr'autres celles de MM. Berdalle de La Pommeraye, Le Brument frères et Jules Piccini, de Rouen; et à Paris, surtout, les soirées littéraires si recherchées du capitaine de Saint-Ange et du docteur Hénoque.

C. DE CH.

Paris, 30 août 1851.

POUR PARAITRE PROCHAINEMENT:

Du même Auteur.

LE LOUQSOR,	LE MONUMENT DE MOLIÈRE,
BONAPARTE EN ÉGYPTE,	LA NORMANDIE,
L'ARC DE TRIOMPHE,	ILLUSTRATIONS CONTEMPORAINES,

Poèmes historiques.

ÉLOGE
DE
PIERRE CORNEILLE,
SA VIE ET SES OUVRAGES,
MONOLOGUE HISTORIQUE EN UN ACTE,
EN VERS,

Dédié à la ville de Rouen;

Suivi d'une APOTHÉOSE et d'une MARCHE TRIOMPHALE.

PAR

Louis CREVEL DE CHARLEMAGNE

(DE ROUEN).

Représenté pour la première fois sur le théâtre des Arts de Rouen, le 6 juin 1851.

Prix : 1 fr. 50 net.

A PARIS

CHEZ L'AUTEUR, RUE DE CASTIGLIONE, 10;

BLANCHET,	TRESSE,	E. CHALLIOT,
rue Croix-des-Petits-Champs, 9.	Palais-National.	354, rue Saint-Honoré.

A ROUEN

Chez Auguste LE BRUMENT, QUAI NAPOLÉON, 46;
BERDALLE DE LA POMMERAYE, RUE DE LA VICOMTÉ, 15;
Et chez tous les Libraires de France.

1851

NOTES HISTORIQUES.

Ce monologue historique, composé en l'honneur du père de la tragédie française, né à Rouen le 6 juin 1606, est indispensable à tous les théâtres de France. Il doit faire partie de leur répertoire sérieux, et peut se représenter convenablement chaque année, surtout en Normandie, aux époques suivantes : le 6 juin, naissance de Pierre Corneille, et le 29 du même mois, jour de sa fête, à la clôture et à la réouverture de la saison théâtrale, et dans toutes les cérémonies commémoratives.

Pierre Corneille naquit à Rouen le 6 juin 1606, de Pierre Corneille, maître des eaux et forêts de Normandie, et de Marthe Le Pesant, noble dame de Rouen. Il mourut à Paris le 1er octobre 1684. — Thomas Corneille, frère du grand poète, naquit en 1625, et mourut aux Andelys le 8 décembre 1709 (1). Fontenelle, leur neveu, naquit aussi à Rouen, le 11 février 1657, et mourut à Paris le 9 janvier 1757, âgé de près de cent ans. Rouen est enfin la patrie d'un grand nombre d'autres célébrités : Jouvenet, peintre d'histoire, né le 12 avril 1644, mort à Paris le 5 avril 1717; Jean Restout, élève et neveu du précédent, né le 26 mars 1692, mort à Paris le 1er janvier 1768; et parmi les illustrations modernes, Adrien Boïeldieu, né le 16 décembre 1775, mort à Paris le 9 octobre 1834; Géricault, peintre d'histoire, né en 1792, mort en 1824; Armand Carrel, publiciste, né le 8 août 1800, mort à Paris le 24 juillet 1834; le général Duvivier, mort à Paris en 1848; M. Court, peintre d'histoire, encore existant, etc., etc.

Consulter, pour de plus amples renseignements, l'excellente *Histoire de Rouen* par Théodore Liquet, ex-bibliothécaire de cette ville (2); *La Normandie*, cantate historique, avec solos et chœurs, paroles et musique de l'auteur de ce monologue. Cette cantate, dédiée à la ville de Rouen, a été composée à grand orchestre pour le Théâtre des Arts de cette ville et l'anniversaire de la naissance de Pierre Corneille (3). Elle est précédée d'une ouverture, et réduite aussi pour le piano par l'auteur. On peut s'en procurer des copies en écrivant à M. C. de Charlemagne, 10, rue Castiglione, à Paris.

---

(1) Voir, à la fin, la vie et la liste générale des œuvres de Pierre et Thomas Corneille.

(2) Se trouve à Rouen, chez Auguste Le Brument, libraire, quai Napoléon, 45; et à Paris, chez Delaunay, Palais-National.

(3) M. Edouard Duprez directeur.

HOMMAGE

A LA

MÉMOIRE DU GRAND CORNEILLE,

Père de la Tragédie française.

D'un héros, d'un grand homme, illustrer la mémoire,
C'est mériter l'honneur de partager sa gloire.

PERSONNAGE :

Le Génie de la Normandie... M. Eugène FILLION (1).

Première Partie.

Le théâtre représente l'intérieur du temple de la Gloire. A gauche, sur le premier plan, le buste en marbre du grand Corneille ; en face et sur le même plan (*ad libitum*), celui de Boïeldieu. De chaque côté sont des statues sur des piédestaux ornés de guirlandes, représentant les héros et personnages les plus célèbres des tragédies de Pierre Corneille, avec leurs attributs historiques : — Le Cid et Chimène ; Horace et Camille ; Auguste, Cinna, Emilie ; Polyeucte et Pauline ; Sertorius et Pompée ; Nicomède, Cornélie, Pulchérie, Sophonisbe, Cléopâtre, Rodogune, Médée, Attila, etc., etc. — Dans le fond, les statues d'Apollon et des neuf Muses.

(Ouverture à grand orchestre, d'un genre noble.)

LE GÉNIE DE LA NORMANDIE,

Entrant par le fond du temple et s'adressant aux neuf Muses.

O vous, qui dispensez les palmes du génie,
Muses, divinités de l'antique Neustrie (2),

---

(1) Ce principal rôle a été créé à Rouen avec un très remarquable talent par M. Eugène Fillion, un des artistes dramatiques les plus distingués du grand théâtre de cette ville (M. Édouard Duprez directeur).

M. Eugène Fillion était secondé par Mme Marie Laurent, premier rôle de l'Odéon ; — MM. Talbot, Savigny, Fleuret, Martel et Mlle Dupont, du même théâtre, qui avaient, peu d'instants auparavant, supérieurement joué la tragédie des *Horaces* de Corneille.

(2) La *Neustrie* est l'ancienne dénomination de la Normandie.

Quittez le temple auguste où vos chants, nuit et jour,
Célèbrent les héros de l'immortel séjour !
Venez renouveler un éclatant hommage
Dont les siècles futurs consacreront le gage !
Venez, Muses, venez ! suspendez vos concerts :
L'ombre du grand Corneille apparaît dans les airs !
(Un éclair traverse le temple.)
L'homme illustre n'est plus ; mais son immense gloire
Remplit de sa splendeur le temple de mémoire.
Ce fut en vain, jadis, que de jaloux rivaux
Entravèrent l'essor de ses nobles travaux ;
Ce fut encore en vain que leur plume stérile
Emprunta les fureurs d'une haine servile...
Vingt sublimes écrits, pleins de foudres vengeurs,
Renversèrent l'espoir de tous ses détracteurs...
Ainsi, des Chaldéens les vastes pyramides
Protègent de leurs rois les ossements humides ;
Ainsi, le Dieu du jour de ses feux éclatants
Eclipse de la nuit les astres pâlissants.
(La foudre gronde.)
Mais pourquoi rappeler les fureurs de l'Envie ?
Qui donc n'admire pas ce superbe génie,
Docte, profond, sévère et touchant à la fois ;
Asservissant l'esprit et le cœur à ses lois ;
Offrant des sentiments le plus noble modèle,
Et de tant de héros l'interprète fidèle ?...

Quelle main plus hardie osa tracer jamais
De plus dignes tableaux, de plus mâles portraits (1) ?...
C'est un roi vertueux, un roi sans artifice,
Heureux de gouverner par la seule justice ;
Un prince trop jaloux du sang de ses sujets
Pour le sacrifier à d'inconstants projets ;
Trop noble pour daigner accorder une grâce
A l'intrigue, à la fourbe, à l'astuce, à l'audace ;
Assez sage, assez grand pour sentir son devoir
Et le pesant fardeau de l'absolu pouvoir...
Un monarque affligé des paroles sinistres
Qu'un faux zèle contre eux suggère à ses ministres ;
Haïssant des tyrans les coupables excès,
Et frémissant d'horreur au seul mot de forfaits !...
Enfin, qui mieux que lui chanta Rome et Carthage ?
Sut peindre d'un héros le stoïque courage,
Portant d'un front égal la couronne, les fers,
Et gardant sa fierté jusqu'au sein des revers ?...
Un prince juste, humain, heureux de pouvoir dire :
« Je suis homme de bien et mon peuple respire ! »
Un prince bon, mais ferme ; indulgent, mais prudent,
Soutenant sans partage et son sceptre et son rang ;
Digne de sa couronne à force de noblesse,

---

(1) On peut, pour abréger, supprimer au théâtre, les douze vers qui suivent.

Et ne se dégradant par aucune faiblesse !
(Fragment de symphonie guerrière.)
Sentiment généreux, idole des grands cœurs,
Sentiment que le ciel accorde à nos malheurs,
O passion sublime ! amour de la patrie,
Qui pouvait te chanter avec plus d'énergie ?
Est-il quelque grand homme, est-il quelque héros
Qui puissent l'accuser du fond de leurs tombeaux ?
(Interrogeant les statues.)
J'en appelle aux Romains, à la cendre d'Horace
Encor teinte du sang du dernier Curiace !
Paraissez, ombre auguste !... et dites si sa voix
Célébra dignement vos illustres exploits ?...
Dites si son génie a bien compris la gloire,
La grandeur d'un Romain volant à la victoire !...
Dites si vos discours, votre noble fierté,
Ont perdu dans ses vers leur immortalité ?...
Oh ! non, non ! dans la tombe, heureuse et satisfaite,
Votre gloire bénit un si noble interprète ;
Et votre cendre encor, malgré le poids des ans,
Tressaille !... et se ranime à ses mâles accents !
(Tremolo d'instruments à cordes.)
Qui n'admire Cinna, dans son erreur coupable,
Dévoilant son projet aussi grand qu'effroyable ?...
Pauline, confiant à son triste réveil
Le songe merveilleux qui troubla son sommeil !...

Qui n'admire la main, ou plutôt cette épée
Qui traça Polyeucte, Heraclius, Pompée,
La victoire du Cid, les Romains triomphants,
Et d'Horace vainqueur les frères expirants?...
(Accords graves.)
Mais quel est ce grand homme... au front calme et tranquille?...
Sa bouche est entr'ouverte... et son œil immobile...
Il semble méditer quelque profond dessein...
Est-ce un roi menacé d'un poignard assassin?...
C'est Auguste. Il s'avance, et ses amis perfides
Concertent, en tremblant, leurs projets parricides...
Il parle enfin... Doit-il conserver le pouvoir,
Ou l'abdiquer?... Auguste entretient leur espoir,
Tantôt paraît pencher pour l'avis de Maxime,
Tantôt est pour Cinna, qui flatte sa victime...
Mais bientôt, triomphant de son juste courroux,
Loin d'immoler le traître à des soupçons jaloux,
Que dit-il à l'ingrat qui menace sa vie?...
« Soyons amis, Cinna; c'est moi qui t'en convie! »
(Fanfare guerrière.)
Plus loin... deux fiers rivaux, deux illustres guerriers,
Le front couvert de gloire et chargés de lauriers,
Se présentent la main en jetant leur épée...
Le grand Sertorius reçoit le grand Pompée...
Quels nobles sentiments animent leurs discours !
L'un refuse à Sylla son généreux secours ;

L'autre, hélas! instrument d'un pouvoir sanguinaire,
Cherche à lui rallier un terrible adversaire...
Lequel enfin doit-on louer, admirer plus,
Ou du jeune Pompée ou de Sertorius?...
   (Fragment de symphonie pathétique.)
Vous, dont l'âme se plaît aux pleurs de Melpomène,
Et cherche des tableaux de tendresse et de haine,
De Camille écoutez l'implacable douleur!
Quel affreux désespoir s'empare de son cœur?
Son amant est tombé sous les coups de son frère...
Elle maudit le sort, son frère, et sa colère,
Maudit Rome, maudit son triomphe, et soudain
Vole au devant du bras qui lui perce le sein!...
Voyez-vous cette amante éplorée, éperdue,
De l'objet de sa foi cherchant, fuyant la vue;
Appelant sur son front le céleste courroux,
Alors même qu'il vient embrasser ses genoux?...
C'est elle! c'est Chimène! Elle n'a plus de père,
Il a reçu la mort de la main la plus chère;
L'amour et le devoir se disputent son cœur...
Infortuné Rodrigue!... Ah! pleure ton erreur!
De ton père outragé si tu vengeas l'offense,
Le courroux de Chimène en est la récompense!
   (Accords passionnés et lugubres.)
D'autres objets encor pourront vous attendrir,
O vous, qui du malheur gardez le souvenir!

Plaignez en frémissant la fière Cornélie,
Réduite à supporter le fardeau de la vie !
Pulchérie, oubliant son noble et pur amour,
Pour mieux venger celui qui lui donna le jour;
Sophonisbe, captive, épouse infortunée,
Saisissant du trépas la coupe empoisonnée;
Cléopâtre jalouse, et Rodogune en pleurs,
S'excitant elle-même à braver ses terreurs...
Dans ces brûlants tableaux tout vient frapper notre ame;
Tout maîtrise nos sens, nous émeut, nous enflamme,
Et l'esprit, étonné de modèles si beaux,
Admire le poète, autant que ses héros !

(Accords solennels.)

Disciples d'Apollon qu'un noble orgueil inspire,
Chantez le grand Corneille ! accordez votre lyre !
Rendez à sa mémoire un tribut éternel,
Vous vivrez des splendeurs de son nom immortel..
C'est lui qui le premier, plein de force et d'audace,
Ouvrit à ses rivaux les portes du Parnasse !
C'est lui qui, n'espérant qu'en son propre secours,
Du sommeil de la France osa briser le cours !
C'est lui seul qui, semblable au maître du tonnerre,
Enfanta tout à coup des torrents de lumière...
Oui, telle que Pallas, prodige d'un moment,
Melpomène à sa voix se leva fièrement,
Et reprenant enfin son antique énergie,

Vint créer parmi nous la noble tragédie !

(Accords majestueux.)

Honneur à vous aussi, qui depuis ce beau jour
Possédez tant de droits à notre juste amour !
Des œuvres du grand homme illustres interprètes,
Qui donnâtes la vie à ses nobles conquêtes !
Gloire à vous, Champmeslé, fleur du sol rouennais (1) !
Clairon, Lekain, splendeurs du théâtre Français ;
Georges et Duchesnois, qu'inspira Melpomène !
Honneur à vous surtout, l'orgueil de notre scène,
*Disciples de Talma, modernes Roscius (2),
*Lafon, Geffroy, David, Michelot, Marius,
*Beauvallet et Provost, Menjaud, Firmin, Ballande,
*Et vingt autres encor, noble et riche guirlande,
Qui sur les pas hardis de Ligier, de Rachel,
Recueillez des grands noms l'héritage immortel..!
De ces dépôts sacrés, à qui tout rend hommage,
Comme un rare trésor conservez bien le gage !
Qu'ils brillent par vos soins toujours beaux, toujours purs,
Transmettez-en l'éclat jusqu'aux siècles futurs !
D'un héros, d'un grand homme, illustrer la mémoire,

---

(1) Née à Rouen en 1644, morte à Paris en 1698, célèbre tragédienne.

* Sur le Théâtre-Français de Paris, l'on pourra passer ces quatre vers pour ne pas blesser la modestie de MM. les sociétaires.

(2) Roscius, fameux acteur tragique romain.

C'est mériter l'honneur de partager sa gloire !
(Accords solennels.)
Mais j'ai nommé Rachel... Rachel! Dieu des beaux-arts,
Accours me ranimer de tes puissants regards!
Viens prêter à ma voix ta plus mâle harmonie;
Viens réchauffer mes chants du feu de ton génie!
M'inspirer, m'embraser de ton souffle immortel
Pour louer dignement cette fille du ciel...!
Qui pourrait célébrer tant de grâce et de charmes?
De fierté, de douleur, de noblesse et de larmes?
D'ardentes passions, de magiques efforts,
De sauvages fureurs, de sublimes transports!..
Tantôt... au désespoir qui dans son œil pétille,
Vous croyez du tombeau voir renaître Camille!..
Tantôt... au noir courroux qui bouillonne en son cœur,
Vous croyez d'Hermione entendre la fureur...
Saisi, glacé d'effroi, plein d'une angoisse immense,
Vous ne songez qu'à fuir son horrible vengeance...
Mais soudain, ô prodige!.. ô miracle du ciel!
L'amour vient embraser la reine d'Israel,
Et ce brûlant amour qui dévore son âme
Pénètre aussi la vôtre avec un trait de flamme!..
Ce n'est plus Rodogune exhalant son courroux,
Cléopâtre ou Médée en proie aux dieux jaloux;
C'est Phèdre, Roxelane, Andromaque, Athalie,
Bérénice, Chimène, Esther, Iphigénie,

Dont les tendres accents, et les touchants regrets,
Jusqu'au fond de vos cœurs se gravent pour jamais..
Vous partagez alors leurs tortures cruelles,
Vous souffrez, vous pleurez, vous mourez avec elles..

Gloire à toi!.. pur flambeau, qui rayonne à la fois
Des splendeurs de Contat, Raucourt et Duchesnois!
A nos yeux enchantés brille longtemps encore !
Non moins que l'on t'admire, ici bas l'on t'adore !

Français!.. pénétrons-nous de la sainte ferveur
Que l'ombre de Corneille impose à notre cœur !
      (Il montre le buste de Corneille.)
A ses pieds chaque année apportons notre offrande ;
Pour son front glorieux tressons une guirlande :
Plus nous honorerons un pompeux souvenir,
Plus nous serons l'orgueil des siècles à venir...
      (Il couronne le buste.)
Voyez, sous les fleurons de notre humble couronne
Déjà le marbre ému d'allégresse frissonne...
Il semble nous sourire, approuver nos efforts...
Que notre joie éclate en sublimes transports!..
Et vous, nobles enfants de l'antique Neustrie (1),

---

(1) Nom que portait autrefois la Normandie, avant l'invasion des Normands (hommes du nord), sous la conduite de Rollon, prince Norwégien, qui en fit la conquête, épousa en 912 Giselle, fille de Charles le Simple, roi de France, et fut créé 1ᵉʳ duc de Normandie.

Vous, l'honneur et l'espoir de sa belle patrie,
Fêtez votre héros avec solennité!..
Ne lui devez-vous pas votre immortalité ?

(Pause.)

(1) Qu'ai-je dit? Est-ce à toi, peuple en tout magnanime,
Qu'il faut recommander d'être grand et sublime ?..
Du poète si cher à tous les cœurs normands
N'as-tu pas recueilli les premiers sentiments ?
Naguère encor, d'un pur, d'un lumineux symbole,
N'as-tu pas de sa gloire augmenté l'auréole ?..
Va !.. tu rehausses bien l'éclat du nom français !
Dans tes nobles instincts persévère à jamais !
Sans cesse inspire-toi de ton divin modèle !
Puise dans son génie une force éternelle !..
Un peuple qui jamais n'abdique son honneur
Est toujours un grand peuple !.. à lui gloire et splendeur!

(Il se dirige vers le fond du temple.)

---

(1) Les douze vers qui suivent ont été composés quelques instants seulement avant la représentation.

FIN DE LA PREMIÈRE PARTIE.

INTERMÈDE MUSICAL.

Seconde Partie.

APOTHÉOSE.

Aux derniers accords de l'intermède musical, le fond du temple de la Gloire s'entr'ouvre, et laisse apercevoir un magnifique paysage splendidement éclairé. De chaque côté, se détachent les principaux édifices élevés de la ville de Rouen. A gauche, la cathédrale, son clocher en pyramide et ses deux tours. L'église de Saint-Ouen ; l'extrémité occidentale de la côte Sainte-Catherine, et dans le lointain une chaîne de verdoyantes collines arrosées par la Seine. — Sur le fleuve, un beau pont de pierre où se dresse la statue colossale en bronze du grand Corneille. En face, une vue du faubourg Saint-Sever. Dans le fond, un vallon de peupliers, au milieu desquels apparaît un mausolée de marbre blanc entouré de feuillage.

A droite, plusieurs autres édifices remarquables ; les flots azurés de la Seine sillonnés de nombreux navires. Un deuxième pont, suspendu en fer ; des îles de verdure, et une seconde chaîne de montagnes qui se perdent à l'horizon occidental.

LE GÉNIE DE LA NORMANDIE,

Rentrant par le fond du théâtre.

(Fragment de symphonie mystérieuse.)

O prodige ! le ciel s'embrase de lumière !
Un océan de feux inonde au loin la terre !
Un sublime concert de chants mélodieux
Jaillit du firmament en sons mystérieux.
N'est-ce point une erreur ? un séduisant mensonge ?
Tout offre à mes regards l'illusion d'un songe...

Bientôt, du sein des airs mille rayons nouveaux
De flots de pourpre et d'or couronnent les coteaux.
Un fertile vallon se déroule à ma vue...
De nombreux peupliers en couvrent l'étendue ;
Leurs flexibles rameaux, réunis par le temps,
Opposent un rempart à la fureur des vents.
Au fond de cette enceinte, et parmi la verdure,
S'élève un chêne antique, orgueil de la nature ;
Une source limpide en arrose les pieds,
Puis disperse son onde autour des peupliers.

(Tremolo et murmure d'instruments à cordes.)

Qu'aperçois-je ?... Au milieu de cet immense ombrage
Se dresse un mausolée orné d'un vert feuillage !
On n'y voit point encor ces ornements trompeurs
Que souvent le vulgaire accorde au lieu d'honneurs ;
Sur un marbre entouré de palmes funéraires
Sont seulement tracés de sacrés caractères,
Mais, par un phénomène étranger à mes yeux,
Ils semblent s'agiter et lancer mille feux...

(Un éclair brille. — Musique lointaine et imitative.)

Quel prodige enchanteur fait naître ces merveilles ?
De plus tendres accords ravissent mes oreilles ;
Et tandis que les cieux brillent de toutes parts,
Un spectacle nouveau captive mes regards...
Le fertile vallon s'ouvre au loin vers la plaine...
Les peupliers fleuris ont déployé leur chaîne,

Et laissent admirer le plus riant tableau
Qu'ait jamais pu tracer un immortel pinceau.
(Avec enthousiasme.)
Salut, bords fortunés ! bords que la Seine arrose !...
Où l'ombre de Corneille errante se repose !...
Salut, charmant vallon ! rappelez à jamais
La gloire du grand homme, orgueil du nom français !
(Musique champêtre et suivie d'accords pompeux.)

APOTHÉOSE.

Qu'ai-je dit ?... quel effroi s'empare de mon âme ?...
Le pur azur du ciel se dissout et s'enflamme !
Les Champs Elyséens s'entr'ouvrent !... Un vieillard
Promène autour de lui son imposant regard...
Sa main tient une lyre, il chante : c'est Homère !...
Homère ! à qui les Dieux ont rendu la lumière !
Illustres comme lui, mais moins persécutés,
Deux poètes rivaux marchent à ses côtés...
Euripide, Sophocle, admirant leur modèle,
Se partagent le poids de sa gloire immortelle.
Non loin, sont Démosthène, orgueil des Athéniens;
Socrate, empoisonné par ses concitoyens;
Aristote, Platon, Plutarque, Anaxagore,
Empédocle, Bias, Sénèque, Pythagore;
Horace, Juvénal, Virgile, Cicéron,

Aristide le Juste et le sage Caton.
Ces grands hommes, des dieux illustres interprètes,
Sont parés des lauriers qui couronnent leurs têtes ;
Ils s'avancent d'un pas grave, majestueux.
Soudain, du vaste sein d'un cercle lumineux
De modernes héros descend un long cortége.
Leur noble chevelure a l'éclat de la neige ;
Différemment tissus, leurs riches vêtements
Rappellent d'autres mœurs, d'autres goûts, d'autres temps.
Le premier, c'est le bon, le sage Fontenelle,
De l'aimable science emblème si fidèle,
Digne allié d'un nom à jamais glorieux...
Près de lui, deux rivaux, peintres ingénieux,
Jouvenet, Le Poussin, qu'un même ciel vit naître,
Rendent hommage aux traits qu'ils viennent de connaître.
Un troisième (1), encor jeune, écoute leurs discours
Et semble protégé de leur puissant secours...
Puis Racine, Boileau, Lafontaine et Molière,
Malherbe, Bossuet, Montaigne, La Bruyère,
Bayle, Montesquieu, Descartes, Fénélon,
Mallebranche, Rousseau, Voltaire et Crébillon.
Leur marche de lumière est encore suivie,
Et, charmés des accords d'une douce harmonie,

---

(1) Restout, célèbre peintre d'histoire, élève et neveu de Jouvenet.

Rameau, Grétry, Méhul, sur un rayon de feu
Gravent avec orgueil le nom de Boïeldieu !
   (Fragment gracieux de Boïeldieu.)
L'aérien cortége, environné de gloire,
Franchit enfin le seuil du temple de mémoire.
Il s'avance à pas lents vers le riant vallon...
    (Orage, foudre, éclairs.)
Qu'entends-je? Au loin s'élève un affreux tourbillon...
Les peupliers touffus agitent leur feuillage
Et courbent tous leurs fronts vers le sacré bocage !
Le ciel répand l'effroi, la terreur, le trépas...
La foudre gronde, éclate et tombe avec fracas...
En ce moment suprême, effleurant la vallée,
S'arrête le cortége au pied du mausolée,
Et sur l'auguste marbre, environné d'éclairs,
L'ombre du grand Corneille apparaît dans les airs !
   (Le calme renaît par degrés.)
Au tonnerre succède un imposant silence...
Un nuage d'azur sur l'ombre se balance...
Un zéphir embaumé de légères vapeurs
Parfume le vallon d'ambroisie et de fleurs...
Tous les nobles héros de leurs mains immortelles
Jettent sur le tombeau leurs palmes éternelles...
Le marbre retentit sous ce poids glorieux...
Mais quel est ce vieillard qui traverse les cieux ?
C'est le Temps ! Dans son œil éclate la colère...

Il s'avance à grands pas vers l'urne funéraire...
La foudre est moins rapide... il va frapper... Soudain
Un cri perce la nue... Une invisible main
Saisit, retient son bras, le désarme et l'entraîne.
Le vieillard de sa rage épouvante la plaine ;
Il revient en courroux auprès du monument,
Renverse tout obstacle et d'un bond effrayant
S'élance !... Mais ô joie ! ô bonheur ? ô surprise !
Le Temps lève sa faulx, sur le marbre la brise,
Et de la sombre Envie éteignant le flambeau,
Écrit en traits de feu ces vers sur le tombeau...

« Le Temps seul d'un grand homme est le juge infaillible;
» Rien ne peut résister à son œil inflexible :
» Il a jugé Corneille, et la postérité
» Transmettra sa mémoire à l'immortalité ! »

(Le Génie se dirige vers le fond du temple.)

FIN DU MONOLOGUE.

MARCHE TRIOMPHALE

ET COURONNEMENT.

Après le récit complet du monologue, commencent la marche triomphale et la cérémonie du couronnement. Tous les personnages nommés dans l'apothéose, le Génie de la Normandie à leur tête, descendent et arrivent de chaque côté du théâtre dans l'ordre indiqué par l'auteur. Ils sont revêtus de leurs costumes et attributs caractéristiques; s'avancent aux sons d'une musique solennelle vers les bustes du grand Corneille et de Boïeldieu (*ad libitum*), et y déposent chacun une couronne de chêne. Le cortége s'éloigne dans le même ordre et regagne lentement le temple de mémoire; aux derniers accords de la marche triomphale, il y disparaît enfin dans une auréole de lumière.

Nota. Les théâtres dont le personnel n'est pas très nombreux, et qui ne pourraient pas réaliser *toute* la mise en scène de ce monologue, auront la faculté de la restreindre. On pourra se contenter alors de la première partie du monologue, du seul temple de la Gloire, orné d'un buste de Corneille et de quelques statues allégoriques.

Enfin, le cortége sera proportionné au personnel du théâtre, de même que la marche triomphale aux ressources de l'orchestre.

Les fragments de musique placés entre chaque tirade doivent cesser dès que l'acteur reprend la parole. Ils sont indiqués pour lui ménager quelques instants de repos. Ils ne doivent pas se prolonger plus de quelques mesures. Si parfois ils accompagnent son récit, alors ce sera de manière à ne pas couvrir sa voix, et surtout à ne faire perdre au public aucune de ses paroles.

Les fragments de musique des paragraphes ne sont même point absolument de rigueur. Les théâtres qui devront forcément abréger, se restreindront à l'ouverture, à l'intermède musical et à la marche triomphale du couronnement. Ils choisiront cette musique parmi des œuvres quelconques, à défaut de celles de Boïeldieu.

A Rouen et dans toute la Normandie, la musique de la Cantate orchestrée par l'auteur peut très convenablement servir d'ouverture et de marche triomphale. — Ecrire, pour s'en procurer des copies, à M. C. de Charlemagne, rue Castiglione, 10, à Paris.

LISTE GÉNÉRALE
DES
Œuvres de Pierre Corneille.

			Représentées en
1. — Mélite, comédie,	5 actes en vers		1629
2. — Clitandre, tragédie,	5 actes	—	1632
3. — La Veuve, comédie,	5 actes	—	1633
4. — La Galerie du Palais, comédie.	5 actes	—	1634
5. — La Suivante, comédie,	5 actes	—	1634
6. — La Place-Royale, comédie,	5 actes	—	1635
7. — Médée, tragédie,	5 actes	—	1635
8. — L'Illusion comique, comédie,	5 actes	—	1636
9. — Le Cid, tragédie,	5 actes	—	1636
10. — Horace, tragédie.	5 actes	—	1639
11. — Cinna, tragédie,	5 actes	—	1639
12. — Polyeucte, tragédie,	5 actes	—	1640
13. — Pompée, tragédie,	5 actes	—	1641
14. — Le Menteur, comédie,	5 actes	—	1642
15. — La suite du Menteur, comédie,	5 actes	—	1643
16. — Théodore, tragédie,	5 actes	—	1645
17. — Rodogune, tragédie,	5 actes	—	1646
18. — Héraclius, tragédie,	5 actes		1647
19. — Andromède, tragédie,	5 actes	—	1647
20. — Dom Sanche, tragédie,	5 actes	—	1651
21. — Nicomède, tragédie,	5 actes	—	1652
22. — Pertharite, tragédie,	5 actes	—	1653
23. — OEdipe, tragédie,	5 actes	—	1659
24. — La Toison d'or, tragédie-ballet,	5 actes	—	1661
25. — Sertorius, tragédie,	5 actes	—	1662
26. — Sophonisbe, tragédie,	5 actes	—	1663
27. — Othon, tragédie,	5 actes	—	1664
28. — Agésilas, tragédie,	5 actes	—	1666
29. — Attila, tragédie,	5 actes	—	1667
30. — Titus, tragédie,	5 actes	—	1670

			Représentées en
31.	— Psyché, tragédie,	5 actes en vers	1671
32.	— Pulchérie, tragédie,	5 actes —	1672
33.	— Suréna, tragédie,	5 actes —	1674

Total : 165 actes en vers.

8 Comédies et 25 tragédies.

OEUVRES SUPPLÉMENTAIRES.

L'Imitation de Jésus-Christ, traduction en vers français, publiée en 1657
Les Louanges de la sainte Vierge, hymnes et psaumes, traduction en vers du latin de saint Bonaventure. . . . 1665
Recueil de poésies. 1653, 1660

THOMAS CORNEILLE, frère du précédent, naquit en 1625, à Rouen, et mourut aux Andelys, le 8 décembre 1709.

Ses œuvres dramatiques forment 42 pièces; il est également l'auteur d'un dictionnaire universel géographique historique, d'une traduction des métamorphoses d'Ovide, et de plusieurs autres ouvrages de fantaisie.

Terminons cette notice par quelques détails intimes.

Les deux frères Corneille, quoique livrés l'un et l'autre à la même carrière, vécurent néanmoins toujours dans la plus parfaite union; ils avaient épousé les deux sœurs, filles de M. de Lamperière, lieutenant général, gouverneur des Andelys, et habitaient constamment ensemble.

Pierre Corneille fit de brillantes études au collége de Rouen; on le destinait au barreau, mais l'éclatant succès de *Mélite*, sa première comédie, composée à vingt-trois ans, décida sa vocation dramatique. Il se rendit à Paris, où il fut quelque temps confondu parmi les quatre auteurs que le cardinal de Richelieu faisait travailler aux pièces dont il donnait lui-même le sujet. Ces quatre auteurs étaient Claude l'Etoile, Bois-Robert, bouffon du Cardinal, Colletet, si ridiculisé par Boileau, et Rotrou, qui n'avait point encore donné son Venceslas.

Pierre Corneille se maria en 1637 ; il fut reçu de l'Académie française en 1647 ; en 1650, il fut nommé par Louis XIV procureur syndic des états de Normandie, fonctions qu'il remplit quelque temps, et avec beaucoup de probité. Quand il paraissait au théâtre, il y était l'objet d'une admiration et d'un respect universels. En 1676, à son arrivée, les acteurs s'interrompirent, les princes de Conti et de Condé se levèrent pour le saluer, tous les spectateurs les imitèrent en battant des mains, et les acclamations se renouvelèrent à tous les entr'actes.

Les dernières années de sa vie furent consacrées à des ouvrages de religion ; il mourut à Paris le 1er octobre 1684, âgé de 78 ans, et fut inhumé à Saint-Roch, sous l'orgue, où l'on admire un magnifique cénotaphe de marbre blanc, surmonté de son effigie, couronnée d'étoiles d'or.

La maison où il expira se trouve rue d'Argenteuil, n° 18 ; on y voit au fond de la cour, au milieu d'un jardin, le buste en bronze du grand poète, couronné d'immortelles ; ce buste repose sur un piédestal de marbre noir, entouré de fleurs et orné d'une inscription commémorative en lettres d'or.

Le père de Corneille avait été ennobli par Louis XIII, en récompense de ses bons services. Louis XIV conféra au grand poète de nouveaux titres de noblesse.

PIERRE CORNEILLE eut trois fils. Le premier devint gentilhomme ordinaire du roi ; le second, lieutenant de cavalerie, périt glorieusement au siége de Graves (Belgique), 1672 ; le troisième se consacra à l'église, et fut nommé, en 1680, abbé d'Aigues-Vives, en Touraine. Corneille eut aussi une fille, comme l'atteste l'anecdote suivante, rapportée par M. d'Helvétius.

Le grand poète avait une aversion incroyable pour les affaires d'intérêt, même pour celles de famille. En voici une preuve. — Un jeune homme auquel il avait accordé sa fille, et que l'état de sa fortune mettait dans la nécessité de rompre ce mariage, se présente un matin chez lui, pénètre jusqu'à son cabinet de travail : « Je viens, Monsieur, retirer ma parole, et vous exposer » les motifs de ma conduite..... » — « Eh ! Monsieur, répond » brusquement Corneille, ne pourriez-vous, sans m'interrompre, » parler de tout cela à ma femme?.... Montez chez elle ; je » n'entends rien aux affaires de famille ! »

Les meilleures éditions des œuvres de Pierre Corneille sont celles publiées par LEFÈVRE, Paris, 1825, 12 vol. in-8°, FIRMIN DIDOT, PANCOUKE, FURNE et Cⁱᵉ, LE DOYEN.

Paris, 30 août 1851.

L. C. DE CHARLEMAGNE.

1063 — Paris. Imprimerie Guiraudet et Jouaust, rue Saint-Honoré, 338.

1065 — Paris, imp. Guiraudet et Jouaust, r. S.-Honoré, 338.

www.ingramcontent.com/pod-product-compliance
Lightning Source LLC
Chambersburg PA
CBHW060609050426
42451CB00011B/2158